AF314355

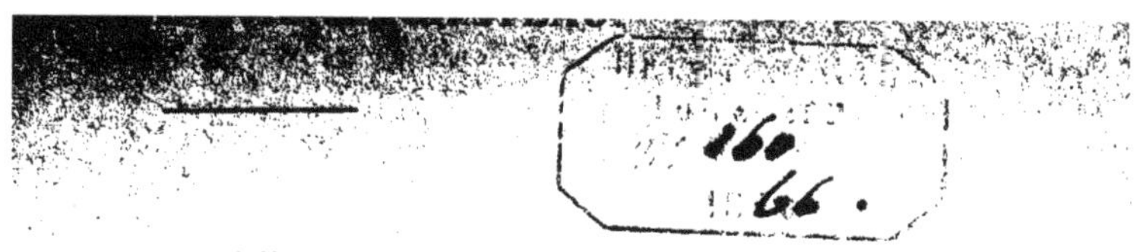

UN

COUSIN DE PASSAGE

PAR

LE Vte HENRI DE BORNIER.

NANTES,

VINCENT FOREST ET ÉMILE GRIMAUD,

IMPRIMEURS-ÉDITEURS,

PLACE DU COMMERCE, 4.

—

1866.

UN COUSIN DE PASSAGE

SCÈNES DE LA VIE DE CHATEAU.

—

PERSONNAGES.

LÉON DE VILLIERS.
LUDOVIC DE BÉON.

LA MARQUISE DE GHISTELLE.
BERTHE, sa petite-fille.

Salon dans un château. Porte sur le perron. Portes latérales. Fenêtres sur le parc. Tables à jeu et à ouvrages, avec papier, encre, plumes. Sur un des panneaux, petite bibliothèque.

—

SCÈNE I.

BERTHE, LA MARQUISE.
Les deux femmes sont assises, la marquise brodant, Berthe lisant.

BERTHE (*lisant*).

« La coupe de mes jours s'est brisée encor pleine..... »

(*On entend un coup de fusil au dehors.*)

LA MARQUISE. Ah ! bon Dieu ! qu'est cela ?

BERTHE. Grand'mère, c'est Léon qui chasse dans le parc.

LA MARQUISE. Ces pauvres lapins ! Léon leur fait une rude guerre.

BERTHE. Grand'mère, c'est un lièvre, et non un lapin, que *Dominante* et *Randonneau* viennent de lancer ! Il paraît même que Léon a manqué le lièvre, puisque la voix des chiens s'éloigne vivement ; il est probable que le lièvre va gagner les landes, puis passer près d'ici, et enfin revenir au gîte.

LA MARQUISE. Ta ! ta ! ta ! petite ! tu as raison. Et je vois avec

(C.

plaisir que tu commences à connaître la chasse ; ton pauvre père eût été fier de ta science.

BERTHE. Ma science... c'est à Léon que je la dois.

LA MARQUISE. Nous lui devons bien autre chose encore, à Léon ! — Viens te rasseoir près de moi, fillette. (*Berthe se rassied près de la marquise.*) Berthe, aimes-tu Léon ? Réponds-moi franchement.

BERTHE. Si j'aime Léon ! Mais, grand'mère, c'est presque me demander si je t'aime ! — Crois-tu que j'aie oublié tout ce que Léon a fait pour nous ?

LA MARQUISE. Il est certain que Léon s'est conduit admirablement. Il n'avait que vingt-deux ans, et il était sorti de l'Ecole polytechnique avec le n° 3 ; dans dix ans, il eût été colonel, général peut-être ! Eh bien ! pour nous, Berthe, Léon a sacrifié ce brillant avenir ; à la mort de ton père, au milieu de mille embarras de fortune, que serions-nous devenues ? — Léon s'est fait pour nous homme d'affaires, fermier, avocat, agronome ; grâce à lui, notre fortune est sauvée, mais sa carrière est perdue...

BERTHE. Et tu demandes si je l'aime !

LA MARQUISE. La ! la ! la ! ne te fâche pas, ma mignonne ! Je conviens que tu aimes Léon, et cependant quand je te parle de l'épouser...

BERTHE. Epouser Léon ! Est-ce qu'on épouse son frère ? Mais vous savez bien, bonne maman, que je suis une romanesque ! Vous savez bien que je veux faire un mariage de sentiment, un mariage de poésie .. Ne riez pas !

LA MARQUISE. Laisse donc avec ta poésie ! — Parce que tu as lu les *Méditations*, et composé quelques romances, musique et paroles, tu te crois poète ! Et tu voudrais épouser un poète, peut-être ? Fi donc, Mademoiselle ! — J'en conviens avec toi, Léon est un chasseur, tout simplement ; il a même le tort de dédaigner la poésie...

BERTHE. Et c'est un tort très-grave ! Hier, par exemple, je lui ai lu le *Poète mourant*, de Lamartine... Monsieur Léon s'est endormi à la dixième strophe !

La marquise. C'est très-mal, mais ce n'est pas un crime.

Berthe. Aussi la punition ne sera pas bien cruelle.

La marquise. C'en est une que de ne pas t'épouser, chère mignonne.

Berthe. Oh ! la grand'mère flatteuse !

La marquise (*attirant Berthe vers elle*). — Voyons, ma petite Berthe ! tu sais si je t'aime ! Mais plus je t'aime, plus ton avenir m'inquiète. Après moi, qui te protégerait ? Personne. Léon est trop jeune pour remplir décemment ce rôle de tuteur quand la grand'-mère ne serait plus là ! Ce qu'il y a donc de plus simple et de plus sage pour toi, c'est d'être sa femme.

Berthe. Mais, grand'mère, qui te dit que Léon pense à m'épouser ? Il me regarde encore comme une enfant, j'en suis sûre.

La marquise. On ne sait pas ! on ne sait pas ! Il faudra que petit à petit je le fasse un peu causer à ce sujet...

Berthe. Sérieusement, grand'mère, je te supplie de renoncer à cette idée.

La marquise. Oh ! oh ! quelle gravité, Mademoiselle ! Et pourquoi ce ton solennel ?

Berthe. Écoute, grand'mère... c'est ta faute, tu m'y as forcée ! Mais puisque tu parles de mariage, tu sais bien que depuis cinq ans...

La marquise. Tais-toi, Berthe ! je t'ai dit qu'il ne fallait plus jamais me parler de cette folie.

Berthe. Mais, grand'mère...

La marquise. Assez, Mademoiselle ! je vous en supplie.

Berthe (*revenant s'asseoir*). — Tu es fâchée contre moi, grand'mère ?

La marquise. Oui.

Berthe. Grand'mère ! grand'mère ! pardonne-moi ; ne boude pas ta petite Berthe ; tu sais bien que je t'aime ! Regarde-moi de ton bon regard, je t'en prie, grand'mère ! Je te promets d'être sage ; je ne le ferai plus, bonne maman !

La marquise (*lui prenant la tête et la caressant*). — Venez donc, petite folle ! on vous pardonne. Mais laisse-moi ajouter une chose : Tu aimes la poésie, dis-tu ? Eh bien ! la poésie n'est pas où tu penses ; elle n'est pas sur les lèvres mielleuses, aux paroles dorées ; elle est dans le cœur, dans quelque brave cœur dévoué et fidèle où tu ne la cherches pas. *(On entend un coup de feu.)*

BERTHE (*allant à la fenêtre*). — Touché ! cette fois, foudroyé !

LÉON (*au dehors*). Tout beau ! tout beau ! *Dominante ! Randonneau !* tout beau ! — Antoine ! tiens, mon garçon, porte cette bête à la cuisine.

SCÈNE II.

BERTHE, LA MARQUISE, LÉON.

LÉON (*après avoir déposé son carnier et son fusil dans un coin*).— Bonjour, ma tante. (*Il embrasse la marquise*). Bonjour, Berthe ; tu vas bien, petite ?

BERTHE. Très-bien, mon cousin.

LÉON (*s'asseyant*). — Maintenant, chère tante, occupons-nous des affaires sérieuses : d'abord, j'ai renouvelé le bail de Màchefer.

BERTHE (*qui a repris son livre*) :

> La coupe de mes jours s'est brisée encor pleine…
> Ma vie en longs soupirs s'enfuit à chaque haleine.

LÉON. Hein ! quel est ce bruit là ?

BERTHE. Des vers ! Ça rime, n'est-ce pas ? C'est agaçant ?

LÉON. Voyons, Berthe, laisse-nous causer des choses importantes, et ne nous dis pas de ces sornettes ! — Le bail Màchefer…

BERTHE. Tu appelles sornettes des vers de Lamartine, d'un grand poète !

LÉON. Grand poète, si tu veux, mais mauvais agriculteur !

BERTHE. Tu détestes donc bien les vers ?

LÉON. De tout mon cœur.

BERTHE. Et pourquoi ?

LÉON. D'abord parce que tu les aimes trop ! Et ensuite…

BERTHE. Ensuite ?…

LÉON. Parce que j'en ai fait autrefois. C'était à l'École préparatoire de la Flèche. Nous avions un adjudant sévère en diable ! Je m'avisai de faire contre lui une espèce de chanson ; ma petite satire eut du succès ; mais je fus mis au donjon pour huit jours, au mois de janvier : dix degrés au-dessous de zéro ! Depuis lors, j'ai renoncé à la poésie.

BERTHE. C'est que ta vocation n'était pas bien ardente.

LÉON. Oh ! oh ! la vocation... c'est un grand mot. Après tout, il n'est pas difficile de faire des vers, et si je m'en mêlais encore...

BERTHE. Je voudrais bien voir cela, par exemple !

LÉON. Quant au bail Mâchefer....

BERTHE. Je suis fâchée contre toi, Léon : tu as dit que tu n'aimais pas les vers, parce que je les aimais trop.....

LÉON. Oui, j'ai mon idée.

BERTHE. Pourquoi me faire ce reproche ? Une jeune fille peut aimer la peinture, la sculpture, la musique, la danse..... Pourquoi n'aimerait-elle pas la poésie ? C'est si joli, les jolis vers !

LÉON. C'est égal, j'ai mon idée.

LA MARQUISE. Allons, mes enfants, ne vous brouillez pas ; il n'y a pas lieu. Toi, Berthe, tu es moins poète que tu ne le crois, et toi, Léon, tu l'es peut-être plus que tu ne le penses.

LÉON. Ah ! bonne tante ! vous êtes l'ange de la réconciliation. Eh bien ! puisque nous voilà d'accord, revenons au bail Mâchefer.

(Midi sonne à la pendule.)

BERTHE. Midi ! déjà ! Le facteur devrait être arrivé.

LÉON. C'est étonnant : l'arrivée de ce vieux bonhomme te met toujours en l'air ; dès que midi sonne, tu commences à sautiller sur tes pieds.

BERTHE *(frappant les carreaux du bout des doigts).* — Il n'arrivera donc pas ?... Si ! le voilà ! *(Elle descend rapidement les marches du perron.)*

LÉON. Décidément, ma tante, nous ne pourrons pas parler du bail Mâchefer...

BERTHE *(revenant).* — Une lettre ! une lettre pour toi, grand'-mère ! de Madrid... (*Avec intention.*) De mon cousin Ludovic !

LA MARQUISE *(à part).* — De Ludovic... Ah ! enfin ! O mon Dieu ! faites que mes prévisions se réalisent !

BERTHE. Lisez, lisez, grand'mère !

LÉON. Qu'est-ce que c'est que ça, le cousin Ludovic ?

BERTHE. On te le dira.

La marquise (*lisant*). — « Ma chère cousine, un projet d'emprunt m'appelle à Paris... »

Léon. Un projet d'emprunt ? C'est donc...

La marquise. Mon cousin Ludovic est secrétaire d'une société de crédit fondée en Espagne par des capitalistes français.

Berthe. Après, grand'mère !

La marquise. « En me rendant à Paris, j'aurai l'honneur de vous demander quelques heures d'hospitalité ; ma mère m'écrit de ne pas manquer à ce devoir, qui sera un bonheur pour moi... »

Léon. Très-gracieux pour un financier !

Berthe. Mais tais-toi donc !

La marquise. « J'arriverai le lundi 21 octobre, à la gare de Ghistelle, par le convoi d'une heure. Ayez l'obligeance de m'envoyer vos chevaux. Daignez agréer, ainsi que ma cousine Berthe... »

Berthe (*sonnant ; un domestique entre*). — Antoine ! vite ! les chevaux à la voiture ! Partez à l'instant, afin d'être à la gare avant une heure ; vous demanderez parmi les voyageurs M. le vicomte de Béon. (*Le domestique s'incline et sort*). Grand'mère, il arrive ! Qui avait raison, toi ou moi, grand'mère ?

La marquise (*bas*). — Toi. — (*Haut*). Vous savez, mes enfants, que je suis encore un peu coquette : je ne veux pas recevoir dans ce négligé notre élégant cousin ; viens avec moi, Berthe. (*A part.*) J'ai à te parler.

<h3 style="text-align:center">SCÈNE III.</h3>

Léon (*seul*). — C'est étrange... cet air de mystère, cette agitation de Berthe, cette lettre, ce Ludovic... Allons ! voilà encore de mes folies ! est-il vraisemblable que ce cousin, dont on ne parlait jamais, tombe exprès du ciel pour épouser Berthe ?... Non ! non ! Berthe a déjà refusé de brillants partis, et ce n'est pas un parent inconnu, presque un étranger...

<h3 style="text-align:center">SCÈNE IV.</h3>

LÉON, BERTHE.

Berthe. Léon, je me marie.

Léon. Comment !

Berthe. Oui, et grand'mère veut absolument que ce soit moi qui t'en instruise.

Léon. Tu te maries… Et avec qui ?

Berthe. Avec mon cousin Ludovic.

Léon. Ah ! ça, mais ! ce cousin là, je ne l'ai jamais vu !

Berthe. Je le sais bien : quand il est passé ici, il y a cinq ans, tu étais à Paris pour nos affaires.

Léon. Mais comment se fait-il qu'on vous marie ?

Berthe. On ne nous marie pas, nous nous marions ! — Mon cousin Ludovic vint donc passer quelques jours avec nous. Il était vraiment très-aimable, très-bien élevé, très-spirituel, tout à fait homme du monde ; il m'appelait *Ma jolie cousine.*

Léon. Ah ! il t'appelait *Ma jolie cousine !*

Berthe. Imagine que Ludovic, à dix-neuf ans, avait eu un prix de poésie à l'Académie de Perpignan.

Léon. Diable !

Berthe. Ludovic voulut bien m'adresser une pièce de vers. Je les ai retenus, comme tu le penses. Les voici :

> Berthe, quand nous marchons ensemble
> Dans les bois où s'éteint le jour,
> Savez-vous d'où vient que je tremble ?
> Est-ce de crainte ? Est-ce d'amour ?

Léon. Oh ! assez. Je n'aime pas ces vers-là ! Il n'y a point d'âme.

Berthe. Oh ! si, moi, j'y vois une âme.

Léon. Oui, la tienne !

Berthe. Quoi qu'il en soit, les vers de Ludovic me semblèrent charmants, et…

Léon. Et il continua ?

Berthe. Oui… en prose ! Tu conçois que, dès lors, cela me parut grave, et que j'allai tout raconter à ma grand'mère.

Léon. Tu fis bien.

Berthe. Le croirais-tu ? grand'mère se mit à rire, et me dit que j'étais une enfant, que je m'étais trompée, que c'était impossible, etc., etc.

Léon. Je comprends. Ta grand'mère n'attachait aucune importance à une déclaration de collégien.

Berthe. Pas si collégien ! comme tu vas voir. Deux jours après, on donna une grande fête au château de Vertmorin. Après le dîner, on se mit à courir dans le parc, et moi je m'égarai dans une espèce de labyrinthe où je rencontrai tout à coup mon cousin Ludovic.

Léon. Naturellement !

Berthe. Il s'approcha de moi d'un air soumis, et me dit d'une voix émue : « Ma cousine, je vous aime. » Je ne sais pas bien ce que je répondis, car ma grand'mère parut en ce moment, et Ludovic s'éloigna.

Léon. Oh ! oh ! Tu vas me trouver un peu rustique, mais je n'aime pas cette façon d'agir. Quand on songe à épouser une jeune fille, on s'adresse à ses parents. C'est le vieil usage, et c'est le bon ; continue.

Berthe. Ludovic partit le lendemain, et moi, comme tu penses, j'allai encore tout raconter à ma grand'mère ; cette fois . elle se fâcha beaucoup ; elle me dit que j'étais une écervelée, que Ludovic était un étourdi, qu'il m'oublierait bientôt et ne reviendrait plus dans le pays probablement. — Tu vois bien, Léon, que grand'mère s'est trompée, puisque Ludovic revient. Voilà tout mon secret. Mais comprends-tu l'idée de grand'mère ?

Léon. Oui.

Berthe. Oh ! Léon ! ne trouble pas ma joie ! Mon bon Léon, mon frère chéri, ne sois pas méchant, et dis-moi que j'ai bien fait de compter sur la parole de Ludovic.

Léon. Ecoute donc !... si tu as bien fait ! Je ne sais pas trop.

Berthe. Ah ! si ! mon cher Léon, je t'en supplie, sois de mon avis ! tu verras ! tout ira bien : toi, tu épouseras une belle demoiselle, bonne, aimante, digne de toi ; moi, j'épouserai Ludovic, et nous nous aimerons tous, tous, tous ! Léon, souris-moi donc, je suis heureuse, sois donc heureux ! Voyons, souris-moi, et dis que j'ai bien fait !

Léon. Berthe, ma chère Berthe, j'ignore si tu as bien fait ; mais je veux, avant tout, que tu sois heureuse, et je travaillerai à ton bonheur, s'il en est besoin.

Berthe. Merci, Léon! tu es charmant.

Léon. Maintenant, chère Berthe, il faut songer à l'appartement de Ludovic; je vais donner moi-même les ordres nécessaires.

Berthe. Va, mon cher Léon.

Léon, *(à part, en sortant).* — Et puis, j'ai besoin d'être seul.

SCÈNE V.

Berthe *(seule).* — Enfin! enfin! Dira-t-on encore que je n'ai pas de bon sens? Et grand'mère qui répétait : Enfant par ci, folle par là! Les grand'mères sont toutes les mêmes. Il faut lui pardonner : dans quarante ans, je serai comme elle. — N'importe, cinq ans d'attente, c'est long; mais non, ce n'est pas long, puisque c'est fini! oui! c'est fini, et, décidément, j'ai eu raison de compter sur Ludovic, sur sa loyauté, sa persévérance, sa constance. *(On entend au dehors un bruit de voiture).* La voiture.... déjà! c'est Ludovic. Mais je ne puis le recevoir seule : grand'mère me gronderait. Je voudrais bien le voir tout de suite, cependant.... *(Elle va à la fenêtre).* Oh! il est encore mieux qu'il y a cinq ans. *(Elle sort.)*

SCÈNE VI.

LUDOVIC *(seul).*

(Il pose sur un meuble son pardessus et son sac de voyage, et parcourt d'abord du regard tout le salon, puis il se promène de meuble en meuble, en désignant chaque objet du bout de sa canne).

Tapisserie.... fanée! Rideaux.... usés! Pendule.... ni antique ni moderne! Fauteuils.... vieux et délustrés! — C'est comme l'équipage qui est venu me chercher à la gare : chevaux de labour qu'on attèle à l'occasion! valet de ferme servant de cocher, calèche de famille où l'on tient huit ou dix! — Examinons un peu l'extérieur. *(Il s'approche de la fenêtre.).* Le parc.... très-négligé! La futaie.... rétrécie! Jusque sous les fenêtres, du seigle et des betteraves.... presque pas de fleurs! Rien pour l'agrément. C'est bien cela! Fortune qui s'éteint, l'huile manque. Or ça, réfléchissons un peu.... conseillons-nous.... soyons mon propre Théramène.... Ma mère m'a vivement engagé à passer ici quelques jours; c'est bien, mais prenons garde ! Il y a cinq ans, je me laissai séduire à la gentillesse de ma petite cousine; elle l'a oublié sans doute, mais elle peut s'en souvenir ! Dans ce dernier cas, le péril commence : évidemment, Berthe n'est pas riche, cinq ou six mille francs de rente, tout au plus. Je m'informai, il y a cinq ans, et j'appris que le dernier marquis de Ghistelle, son père, avait dissipé sa fortune, que la terre était criblée d'hypothèques, etc., etc.; je partis donc et je me gardai bien de revenir. — Cinq mille francs de rente.... la belle aubaine ! De mon côté, je n'ai rien : trois mille francs d'appointements ! — Oh ! l'affreuse vie que la mienne ! J'ai un joli nom, une jolie figure, de jolies manières; il ne me manque qu'une jolie fortune. Mais le diable s'en mêle sans doute : dès que je fais la cour à une jeune fille, si elle m'écoute, je suis sûr d'avance qu'elle n'a pas le sou. Partout où je mets la main, tout croule; depuis le collége, je traîne tour à tour la savate littéraire et la savate industrielle, morbleu ! — Et cependant, je le sens là, je suis fait pour être riche, je suis de ceux qui ont le droit à l'opulence ! Oh ! le luxe, l'élégance, la grande vie, un château à la campagne, un hôtel à Paris ! voilà le vrai rêve ! — Mais être marié et végéter dans un coin obscur, couper en quatre le liard conjugal.... Quelle folie et quelle honte ! jamais ! Tant qu'on est libre, l'espoir reste, du moins. — C'est dit : si par hasard la petite cousine se souvient, je couperai jusqu'à la racine cette folle fleur, je ferai semblant d'avoir moi-même tout oublié; le moyen est excellent, et je l'ai employé plus d'une fois. — C'est peut-être un peu cruel, mais c'est indispensable. — Oh ! tristesse de la misère ! sombre ennui de ne pouvoir aimer ! calculs incessants ! âpres désirs toujours inassouvis ! voilà ma destinée. Eh bien ! je serai cruel, puisqu'il le faut. A siècle d'or âme de fer !

SCÈNE VII.

BERTHE, LUDOVIC.

LUDOVIC. Ma cousine Berthe....

BERTHE. Mon cousin Ludovic.... Vous me reconnaissez donc?

LUDOVIC. Oui, je vous reconnais, ma cousine; vous n'étiez cependant qu'une enfant à mon premier passage en 1855.

Berthe. C'est cela, mon cousin, en 1855. Vous avez bonne mémoire.

Ludovic. Et votre excellente grand'mère?.... Je ne la vois pas.

Berthe. Elle est chez elle, mais elle va descendre.... Elle m'a chargée de vous recevoir en l'attendant, *(à part)*, et même c'est bien gentil de sa part. (*Lui faisant signe de s'asseoir.*) Mon cousin, vous avez donc quitté Madrid?

Ludovic. Hélas! oui.

Berthe. Comment? hélas?

Ludovic. On m'envoie à Vienne, dans une maison de crédit industriel. Moi qui déteste l'Allemagne! Une seule chose me console, c'est qu'à Madrid, on voulait me marier.

Berthe. Ah! — Vous avez refusé, naturellement.

Ludovic. Comme vous dites, naturellement : je suis trop jeune pour me marier; j'attendrai que ma position soit faite; il peut alors se présenter une bonne occasion.

Berthe, (*étonnée*). Comment! se présenter?

Ludovic. Mais oui. Le mariage est toujours chose de hasard.

Berthe, (*vivement*). De hasard? Vous êtes peu sentimental pour un poète, mon cousin!

Ludovic. C'est possible! Je crois cependant à la fatalité, et je suis persuadé que j'épouserai une Allemande.

Berthe. Une Allemande!

Ludovic. On dirait, ma cousine, que ce mot, *une Allemande*, vous révolte! Auriez-vous sur le cœur les traités de 1815?

Berthe, (*se levant et passant à droite*). Non, monsieur, je riais, voilà tout. (*A part.*) Evidemment, c'est un jeu, et il veut me mettre à l'épreuve; mais je n'aime pas ce jeu-là; tâchons de l'en faire sortir. (*Haut.*) Mon cousin, trouvez-vous notre pays agréable?

Ludovic. Certainement, ma cousine.

Berthe. Vous rappelez-vous le château de Vertmorin?

Ludovic. J'avoue qu'il ne m'en souvient guère....

Berthe. Comment! ce château Louis XIII!... une grande fête, notre promenade dans le parc...

Ludovic. Ah! oui! un parc anglais, avec d'immenses prairies, une terre de grand rapport!

Berthe, *(à part).* Il se moque un peu de moi, mon cousin! — Cherchons autre chose, je veux à tout prix que ce vilain jeu cesse.... Ah! les vers! *(Haut).* Vous êtes poète, je le sais, mon cousin; tant mieux! J'ai une consultation littéraire à vous demander.

Ludovic. Il est vrai, ma cousine, que je suis quelque peu poète. (*A part*). Oui, mais poète jusqu'à la bourse!

Berthe. Un poète de notre chef-lieu vient de m'adresser une pièce de vers.... et je tiens à savoir ce que vous en penserez.

Ludovic. A vos ordres, ma cousine. (*A part*). Elle est charmante, cette enfant! — Allons, point de faiblesse! Oh! pauvreté maudite qui rabaisse et endurcit l'âme!

Berthe. Voici les vers :

> Berthe, quand nous marchons ensemble
> Dans les bois où s'éteint le jour,
> Savez-vous d'où vient que je tremble?
> Est-ce de crainte? Est-ce d'amour?
> C'est d'amour et de crainte encore;
> L'espoir devant moi brille et fuit;
> Vous me regardez : c'est l'aurore!
> Vous baissez les yeux : c'est la nuit!

Qu'en pensez-vous, mon cousin?

Ludovic. Ce n'est pas trop mal. (*A part*). Me voilà donc réduit à décrier mes vers!

Berthe. Comment! ce n'est pas trop mal?

Ludovic. C'est assez bien.

Berthe. Assez bien ?...

Ludovic. Ce sont des vers gentils... comme tout le monde en fait, en vérité, ma cousine, le seul mérite de ces vers est de vous être adressés; et franchement, je les trouve médiocres.

Berthe. Médiocres! — (*A part.*) Ah! mon Dieu! il a oublié même ses vers... il a donc oublié tout le reste!

Ludovic. Il m'arrive quelquefois encore de faire des vers; mais, sans vanité, je les fais un peu meilleurs.

BERTHE. Amour propre de poète, Monsieur, de poète financier !
— Je ne m'y connais pas sans doute, mais j'avoue que ces vers me
semblaient excellents.

LUDOVIC *(à part)*. — La pauvre enfant ! Elle a bon goût tout de
même... *(Haut.)* Mon Dieu, ma cousine, si pour vous plaire, il faut
mentir à ma conscience...

BERTHE. C'est assez, Monsieur ! — Je vous demande pardon,
mon cousin ; je suis un peu nerveuse aujourd'hui... Mais ma
grand'mère ne descend pas; il serait peut-être convenable à vous
de la prévenir.

LUDOVIC. J'y cours, ma cousine, j'y cours. *(A part.)* Elle souffre,
je le vois bien. Vrai Dieu! si j'étais riche... Mais je ne le suis pas!
Enfin, le résultat que je cherchais est obtenu... Elle est furieuse :
c'est parfait !

<h3 style="text-align:center">SCÈNE VIII.</h3>

BERTHE, puis LÉON.

BERTHE. Ah ! mon Dieu ! mon Dieu ! n'est-ce pas un mauvais
rêve ?... *(Elle tombe dans un fauteuil en cachant son visage avec ses
mains.)*

LÉON *(entrant)*. — Qu fais-tu là, Berthe ? Tu pleures...

BERTHE. Ah! Léon ! Léon!... que je souffre !

LÉON. Mais qu'as-tu donc ?...

BERTHE. Ludovic... Ludovic...

LÉON. Eh bien?

BERTHE. Il a tout oublié !

LÉON. C'est impossible.

BERTHE. C'est pourtant vrai. — Et moi, maintenant! tiens, Léon,
il me semble que je deviens folle.

LÉON *(courant à elle)*. — Berthe... Ma chère Berthe... Voyons,
ma petite Berthe, ne pleure pas; tu me fends le cœur !

BERTHE *(tombant dans ses bras)*. — Ah! Léon ! Léon !

LÉON. Voyons, Berthe... tu l'aimais donc bien, ce Ludovic ?

BERTHE. Je l'aimais comme mon fiancé. Si tu savais, Léon, quels
trésors d'affection et de dévouement j'amassais pour lui !...
comme je travaillais à devenir plus douce, plus tendre, plus

instruite, toujours pour lui! — Et maintenant, tout est brisé; un instant a suffi pour rendre désert ce cœur si plein! Oh! que je souffre, Léon! que je souffre!

Léon. Berthe... Berthe... tu ne sais pas le mal que tu me fais! — Mais, voyons, à quoi servent les plaintes? Il faut raisonner et agir. Que veux-tu que je fasse? Je suis prêt. Veux-tu que je parle à Ludovic?

Berthe. Non! Je souffre, mais je suis fière. Ce que je veux, c'est qu'il parte; sa présence me tuerait. Je veux qu'il parte.

Léon. Il partira, je te le promets.

Berthe. Mais, au moins, il n'y aura pas de querelle entre vous!

Léon. Sois tranquille. (*A part*). C'est mal! Elle souffre, et je suis presque content... C'est lâche!

SCÈNE IX.

LES MÊMES, LUDOVIC, LA MARQUISE.

La marquise (*à part*). — Berthe a pleuré, Léon est très-ému... C'est bien! — (*Haut.*) Mon cher Léon, mon cher Ludovic, il faut que je vous présente l'un à l'autre, j'espère que vous serez amis.

Ludovic. Je le souhaite vivement.

La marquise. Maintenant, Ludovic, voulez-vous faire une promenade dans le parc? C'est mon heure.

Léon (*vivement*). — Ma tante, M. de Béon doit être fatigué du voyage; je m'empare de lui. Veuillez donc faire votre promenade sans nous; Berthe vous accompagnera.

La marquise. Puisque tu le veux... (*A part.*) Oh! il y a quelque chose : très-bien!

SCÈNE X.

LÉON, LUDOVIC.

Léon (*à part*). — Maintenant, faisons ce que Berthe désire : il faut que ce Ludovic parte! Mais ce n'est point assez; je ne veux pas que ce jeune fat emporte l'idée qu'il laisse ici un regret. La dignité de Berthe l'exige. A moi donc un peu de la finesse du paysan, pour expulser sans bruit ce muscadin... (*Haut.*) Monsieur de Béon...

Ludovic (*qui était à la fenêtre et regardait au dehors*). — Monsieur?...

Léon. Monsieur de Béon, nous sommes jeunes tous les deux, bien élevés, je crois, presque parents : je viens donc, sans plus de façons, vous demander un service.

Ludovic. A vos ordres, monsieur.

Léon. Il s'agit de ma cousine Berthe.

Ludovic (*à part*). — Diable !

Léon. De son mariage...

Ludovic (*à part*). — Oh ! la ! la !

Léon (*à part*). — Oh ! la vilaine espèce que ces vainqueurs de femmes!... En voilà un qui tremble comme un laquais pris les mains dans le tiroir ! (*Haut.*) Voici le service que j'attends de vous, Monsieur : j'ai reçu, ce matin même, une lettre d'un vieil ami de la famille, qui habite Paris. Cet ami s'intéresse beaucoup à Berthe et s'occupe de la marier.

Ludovic. Ah !

Léon (*à part*). Ce petit mensonge est assez maladroit.... mais pourvu que je me débarrasse de ce Ludovic.... (*Haut*). Il m'écrit donc qu'il a trouvé pour Berthe un parti très-honorable. Le jeune homme s'appelle M. de Valroger. C'est un homme très-lancé dans le monde. Je suis un campagnard peu au courant des mœurs parisiennes; je vous prierai donc, monsieur, de me suppléer en ceci et de prendre quelques informations sur M. de Valroger.

Ludovic (*à part*). Je respire !

Léon. Comme notre ami me demande une réponse prompte, je vous saurai gré de sacrifier le peu de jours que vous deviez nous accorder et de m'informer au plus vite, par une simple lettre, du résultat de vos recherches. Il est bien entendu que vous ne prononcerez en aucun cas le nom de Berthe.

Ludovic. Je comprends à merveille, monsieur, je suis très-heureux de pouvoir vous être utile, et même, dans le cas où ce projet n'aboutirait point, je me ferais un plaisir de chercher moi-même un mari pour notre cousine (*A part*). Voilà, j'espère, un procédé noble et ingénieux.

Léon. Je vous rends grâces, monsieur.

Ludovic. Dans ce dernier cas, avant de rien engager, il serait bon, je pense, que je pusse connaître le côté peu poétique, mais trop essentiel de la question, et avoir moi-même quelques renseignements précis sur la fortune de notre cousine.

Léon. Rien de plus simple : Berthe est noble, bien élevée et riche.

Ludovic (*à part*). Riche! (*Haut*). Riche? dites-vous.

Léon. Oh! la fortune de Berthe est loin d'être colossale, environ trente mille livres de rente.

Ludovic. Trente mille francs de rente! (*A part*). Ah! idiot que j'ai été!

Léon. Qu'avez-vous donc? on dirait que cela vous étonne?

Ludovic. Oui, un peu : on m'avait affirmé qu'elle en avait près de cinquante.

Léon. C'est une erreur. Trente mille; rien de plus. Ce n'est pas énorme, sans doute, mais c'est assez joli. Ah! dame, monsieur, il y a eu de la peine. Le père de Berthe était un gentilhomme très-magnifique, mais un détestable administrateur; il avait un grand luxe de chevaux, de voitures; il empruntait à des taux très-élevés, et les intérêts absorbaient le revenu. J'ai réformé tout cela. J'ai vendu des terres éloignées et de mince rapport; j'ai acheté des actions industrielles qui ont doublé et triplé; je les ai revendues et alors j'ai acheté des landes que j'ai défrichées. — Tenez, monsieur, (*il le mène à la fenêtre*), voyez-vous là-bas cette immense prairie toute verdoyante? bon an, mal an, nous en tirons cinq mille francs de fourrages; c'était un étang que j'ai desséché; là-haut, en face de nous, voilà un bois de deux cents arpents; c'était une lande inculte. Par exemple, pas de luxe; plus de meute, un chien d'arrêt, deux chiens courants suffisent; plus de chevaux anglais! de bons gros percherons qui labourent solidement et qui s'amusent à traîner la calèche au besoin; voilà tout. Nous ne renouvellerons le mobilier qu'au mariage de Berthe; ce sera une joie de plus. Enfin, monsieur, nous sommes hors d'affaire, et le mari de Berthe trouvera une fortune solide, bien assise au soleil et qui ne doit rien à personne.

Ludovic (*à part*). Voilà ce qui s'appelle une chance infernale....
Et cette fois, c'est ma faute! Comment la réparer?

Léon. Il ne nous reste plus qu'à marier Berthe; ce sera facile ;
de son côté, elle accepte d'avance le mari que sa grand'mère et
moi lui choisirons.

Ludovic. En êtes-vous sûr, monsieur?

Léon. Parfaitement sûr.

Ludovic. Les jeunes filles ont souvent quelque souvenir de jeunesse, quelque préférence cachée...

Léon. Berthe n'en a aucune.

Ludovic. Bah! vous ne connaissez pas les femmes.

Léon. Vous croyez donc que pour les connaître il suffit de les
avoir méconnues! (*A part*). J'ai tort ; du calme.

Ludovic (*à part*). Oh! non, non, je n'en aurai pas le démenti; de
l'audace !

Léon. Enfin, monsieur, puisque vous voulez bien faire ce que je
vous ai demandé, ayez l'obligeance de prendre à Paris les renseignements dont j'ai besoin. Vous trouverez un prétexte pour expliquer votre prompt départ à ces dames. Les voici : faites-leur vos
adieux.

<h3 style="text-align:center">SCÈNE XI.</h3>

LES MÊMES, BERTHE, LA MARQUISE.

Ludovic (*allant à la marquise*). Ma cousine, j'ai l'honneur de
vous demander la main de votre petite-fille, mademoiselle de Ghistelle.

Berthe. Oh! mon Dieu!

Léon. Que veut dire ceci?

La marquise (*à Ludovic*). Avant tout, mon cher cousin, as-
seyons-nous et causons; j'ai quelques explications à vous donner
et à vous demander. — Mon cher cousin, certaines grand'mères
parlent peu, mais n'en agissent pas moins. Je suis de celles-là! Il
y a cinq ans, avertie par ma petite-fille de vos.... gentillesses au-
près d'elle, je devinai facilement qu'il y avait de votre part incon-
séquence et folie; je voulus m'en assurer cependant, et j'écrivis à

votre mère, sans prévenir Berthe. Votre mère fut de mon avis ; et bientôt nous eûmes la certitude que vous aviez oublié votre conduite avec Berthe. Votre mère voulait vous la rappeler ; je m'y opposai. Je la priai seulement de vous envoyer ici, dès qu'il serait possible, afin que Berthe fût convaincue de votre manque de mémoire. J'étais bien certaine que le spectacle de votre indifférence la rendrait à elle-même ; l'expérience avait réussi à mon gré : votre entrevue, tout à l'heure, a été peu romanesque ! Léon, d'après le désir de Berthe, devait vous prier de partir ; il n'y a pas manqué, sans doute. — Comment se fait-il donc que vous me demandiez la main de ma fille ?

Ludovic. Je vous demande la main de votre fille, je la demande à vous-même, afin de réparer la faute que j'ai commise, il y a cinq ans ; je manquai alors à toutes les lois de la famille en m'adressant à l'enfant, sans avoir obtenu l'agrément de la mère. Je me le suis reproché bien souvent, et tout à l'heure, en voyant que ma cousine Berthe m'avait gardé une affection dont je n'osais me croire digne, j'ai voulu expier ma folie d'autrefois : j'ai voulu jouer l'indifférence, l'oubli, l'ingratitude, jusqu'au moment où je pourrais rendre hommage à cette hiérarchie de la famille que j'ai violée jadis ! Je vous demande donc la main de votre fille en sa présence, mais sans m'autoriser des sentiments qu'elle a daigné me laisser voir.

La marquise (à part). Si ce n'est vrai, c'est bien trouvé !

Léon (à part). — Décidément, je n'y comprends plus rien !

Ludovic (à Berthe). — Cependant, ma cousine, si vous me blâmez, si j'ai trop bien joué mon rôle tout à l'heure, trop bien retenu l'élan de mon cœur, j'implore de vous une dernière faveur, c'est de prononcer vous-même mon arrêt ; dites-moi : Partez ! et je partirai.

Berthe. Mon cousin, mon cousin... Je ne sais vraiment que répondre .. Tout ce qui arrive est si imprévu, si étrange ! J'ignore moi-même ce que je pense. — Grand'mère, Léon, je vous en prie, conseillez-moi, éclairez-moi, répondez pour moi.

La marquise. Tu as raison, mon enfant ; mais il est impossible de continuer cette délibération devant notre cousin Ludovic ; elle serait pénible pour lui, comme pour nous.

LUDOVIC. Je comprends, ma cousine, et je me retire. Je n'ai point le droit d'assister à ce conseil de famille ; pardonnez-moi seulement si mon impatience en abrège la durée. (*En sortant, à part*). Quand le vaisseau brûle, on se jette à la mer ; c'est ce que j'ai fait. Voyons ce que la vague fera de moi.

LA MARQUISE (*vivement à Berthe et à Léon*). — Mes enfants, la situation est très-grave : il s'agit de l'avenir de Berthe. Mon cher Léon, tu as de la clairvoyance et du cœur, et je suis sûre que tu nous aideras de tes conseils ; mais la présence de ta cousine te gênerait peut-être. Berthe, laisse-moi seule avec Léon, tu m'attendras dans le boudoir. (*A part, en la reconduisant.*) Ma chère petite, quand tu étais enfant, je te disais qu'on ne doit pas écouter aux portes. Aujourd'hui, et pour cette fois seulement, je te dis le contraire : reste derrière ce rideau et écoute de toutes tes oreilles.

BERTHE. Je n'y manquerai pas, grand'mère.

LA MARQUISE (*à part*). — Et maintenant, c'est à moi de ne pas perdre la tête !

SCÈNE XII.

LA MARQUISE, LÉON.

LA MARQUISE. Eh bien ! mon pauvre Léon !

LÉON. Oh ! ma tante, je suis désolé ! Je ne comprends rien à ce monsieur Ludovic, à son caractère, à ses mystères, à ses allures. Tout ce que je sais, c'est qu'il me déplaît, et beaucoup.

LA MARQUISE (*s'asseyant*). — Et à moi donc !

LÉON. Ce revirement subit est inexplicable pour moi. Quel est donc le secret de cet homme ? Ce n'est pas la question de fortune qui l'a décidé, puisqu'il croyait Berthe plus riche qu'elle n'est ; ce n'est pas un remords, un regret soudain... Et cependant, cet homme est un fourbe et un hypocrite, j'en suis sûr !

LA MARQUISE. Je suis de ton avis. Et notre pauvre Berthe ! je crains bien qu'elle ne soit retombée sous le charme.

LÉON. Vous croyez, ma tante ?

LA MARQUISE. Hélas !

LÉON. Quoi ! vous croyez que Berthe épouserait maintenant ce Ludovic ?

LA MARQUISE. Dame ! je le crois.

LÉON. Vous dites cela avec bien du calme, ma tante !

LA MARQUISE. Après tout, ce ne sera pas ma faute ; ce serait plutôt la tienne.

LÉON. Comment ! ma faute, à moi ?

LA MARQUISE. Sans doute.

LÉON. Ma tante, je vous en prie, expliquez-vous.

LA MARQUISE. Tu le veux ?

LÉON. Je vous en supplie.

LA MARQUISE. Eh bien !... j'avais fait un joli rêve autrefois, oh ! oui, un joli rêve : marier ma petite Berthe à mon cher Léon ! vieillir entre mes deux enfants ! — Ce n'était qu'un rêve : tu n'aimes pas Berthe, d'amour s'entend !

LÉON. Ma tante...

LA MARQUISE. Je ne te le reproche pas. Seulement, puisque nous en causons, je le regrette, aujourd'hui surtout.

LÉON. Ma tante, vous m'embarrassez à un point...

LA MARQUISE. Pourquoi donc ? Tu n'aimes pas ta cousine, ce n'est pas un crime.

LÉON. Ma tante, ce que vous me dites est si extraordinaire...

LA MARQUISE. Extraordinaire... C'est toi qui es extraordinaire ! — Voyons, mon cher ami, tu sais que les vieilles femmes sont un peu curieuses, laisse-moi te faire une question : de mon temps, les cousins aimaient toujours leurs cousines ; c'était de tradition. A dix-huit ans, j'avais une vingtaine de cousins... Eh bien ! tous, successivement ou ensemble, eurent pour moi un joli petit senti-ment ; c'était tout simple, tout naturel, et le contraire eût étonné le monde. — Il paraît que vous avez changé tout cela : les révolu-tions sans doute ! — Je voudrais pourtant bien savoir par quelle suite de raisonnements tu t'es dispensé d'aimer ta cousine. Tu es jeune, bon, tendre, intelligent, et tu n'as jamais songé à épouser Berthe. Mais, monsieur, ceci est grave ! Comment n'aimez-vous pas votre cousine ? De quel droit n'aimez-vous pas votre cousine ? Répondez.

LÉON. Mon Dieu, ma tante... vous avez peut-être raison. Cependant, voyons... vous ne me connaissez donc pas ? vous ne m'avez donc jamais regardé ?... Épouser Berthe, moi !... moi, un hobereau, un chasseur, un campagnard, une espèce de sauvage ! De plus, un garçon assez laid ! — Et elle, la beauté, la grâce, la délicatesse même, le charme vivant ! Et que de qualités ! — Instruite et spirituelle comme un ange ! Le soir, quand elle cause avec vous, je l'écoute... Une vraie musique ! — Et bonne ! J'ai vu des vieillards soignés par elle, des mères dont elle avait guéri les enfants, baiser sa main et le bas de sa robe comme à une sainte ! — Et jolie ! — Le dimanche, à l'église, je la regarde... Elle est agenouillée, grave et modeste ; ses longs cils font de l'ombre sur ses joues ; derrière elle, il y a une fenêtre par où le soleil entre à torrents, et elle ressemble à une des vierges des vitraux ; elle est admirable ainsi, admirable, je vous jure ! Et moi, j'aurais songé, je songerais... Ah ! bien, oui ! on m'en donnera des femmes comme celle-là !

LA MARQUISE. Très-bien ! je comprends : tu n'aimes pas Berthe, parce qu'elle est instruite, bonne, spirituelle et jolie. De façon que si elle avait quelques qualités de plus, tu la détesterais tout à fait ?

LÉON. Ma tante... c'est me mettre à la torture, en vérité !

LA MARQUISE. Tant y a que, par ta faute, Berthe épousera ce Ludovic.

LÉON. Comment ? Par ma faute !...

LA MARQUISE. Mais dame ! Du moins le Ludovic est dans la tradition ; il a aimé sa cousine, ou il a fait semblant ; c'est déjà quelque chose. Elle l'épousera, et elle sera malheureuse : tu auras fait le malheur de ta cousine !

LÉON. Mais, ma tante, vous êtes cruelle aujourd'hui...

LA MARQUISE. Je conviens, d'ailleurs, qu'on n'est pas libre d'aimer ou de ne pas aimer. Tu n'aimes pas Berthe, très-bien ! Il ne te reste plus qu'une chose à faire : rappelle Ludovic toi-même ; — le voilà dans le parc ; — va le trouver et dis lui : Monsieur, ayez l'obligeance de rentrer pour épouser ma cousine !

LÉON. Ma tante, vous vous moquez de moi... C'est égal, je vous aime bien !

La marquise. Tu m'aimes, moi, je le sais ; mais tu n'aimes pas Berthe ; voilà la vérité.

Léon. La vérité... Eh ! bien, je vais vous la dire. — Mais, au moins, Berthe n'en saura rien, n'est-ce pas ? — Eh bien, eh bien, oui, j'aime Berthe !

La marquise. Ah ! enfin !

Léon. Oui, j'aime Berthe, je l'aime d'amour, il y a longtemps que je l'aime, depuis un jour..... Mais je ne saurais pas bien vous expliquer cela ! Enfin, j'aime Berthe ! que voulez-vous ? Ce n'est pas ma faute.

La marquise. Oh ! viens sur mon cœur, mon cher Léon, mon fils ! Oh ! je le savais bien que tu aimais ma fille : mon cœur ne s'y trompait pas. Je suis heureuse, Léon !

Léon. Et Ludovic, ma tante !

La marquise. Ludovic... tu as raison : voilà l'ennemi ! Mais nous en viendrons à bout, sois tranquille !

Léon. Mais puisque Berthe l'aime !

La marquise. Elle l'aime... Non ! Elle croit l'aimer. Et pourquoi ? Pour quelques misérables vers qu'il a eu l'esprit de faire pour elle autrefois. Ce n'est pas pour autre chose, va ! Oh ! si nous pouvions lui arracher du cœur cette illusion, cette chimère ! Si seulement tu étais un peu poète ! Mais non ! tu détestes les vers, tu ne sais pas en faire.

Léon. Mais si ! mais si ! ma tante ! Pour épouser Berthe, je ferais un poème épique !

La marquise. Ce serait un peu long, et Berthe aurait le temps de faire bien des bonnets pour sainte Catherine. Si tu pouvais seulement faire une ode, une élégie, un sonnet, n'importe quoi ; on pourrait essayer.

Léon. Nous essaierons, ma tante, et je prouverai à Berthe qu'un chasseur de renards peut avoir autant d'esprit et plus d'âme que ce lauréat de Perpignan.

La marquise. Tu te flattes, mon pauvre Léon ! Tu n'as pas l'habitude de faire des vers.

Léon. Mais je vous assure, ma tante, que je m'en tirerai tout comme un autre. Je vous ai raconté, ce matin, l'histoire de ma chanson à l'école de la Flèche !

La marquise. Oui, mais une petite satire ou des vers d'amour, c'est bien différent.

Léon. Des vers d'amour,.... mais j'en ai fait aussi, des vers d'amour !

La marquise. Comment, monsieur !

Léon. Écoutez, ma tante ; mais vous n'en direz rien à Berthe ! Je vais vous raconter la chose. Cette fois, c'était à l'Ecole polytechnique : je sortais tous les mercredis, et j'allais voir un ancien colonel, qui habitait une maison de campagne à Meudon. Le colonel avait une nièce, une Suédoise, jeune encore, blonde, blanche et rose. Je ne sais comment il se fit que, sans la moindre intention mauvaise, j'écrivis une cinquantaine de vers en l'honneur de la belle Suédoise; je ne sais pas non plus comment il se fit que je les lui glissai dans la main, sans m'apercevoir que l'oncle n'était pas là ! Le mercredi suivant j'allai à Meudon, sans penser à mal. Avant le dîner, le colonel me proposa une promenade dans son parc. Je le suivis. Arrivé près d'une pièce d'eau, au fond : Si nous prenions un bain ? me dit le colonel. — Y songez-vous ! lui répondis-je, au mois de novembre ! — Conscrit ! me dit-il en ricanant, les troupiers de mon temps n'y regardaient pas de si près. A l'eau, mon garçon !... Et le colonel commença à se déshabiller. Piqué d'amour-propre, je l'imitai. Quand nous nous trouvâmes dans le costume favorable : A toi l'honneur ! me dit le colonel. Je ne me le fis pas répéter, et je sautai dans le petit lac. Le colonel était resté sur la rive, et j'entendis son éclat de rire : Mon garçon, me dit-il, j'espère que le bain te rafraîchira la cervelle, et que tu iras faire un tour dans mon étang, avant de faire des vers pour ma nièce. — Vous voyez bien, ma tante, que mes vers n'étaient pas si mauvais, puisque le colonel jugea ce bain de glace indispensable.

La marquise. Mauvais sujet ! — Je ne sais pas si tes vers étaient bons, mais il y a douze ans de cela, et depuis lors, tu dois avoir oublié...

Léon. Oublié ! Mais je n'ai pas même oublié le calcul intégral et différentiel. A plus forte raison la prosodie. Tenez, ma tante, je vous en supplie, laissez-moi démontrer à Berthe qu'il y a ici d'autres poètes que ce Ludovic. Sinon,... je le provoque et je le tue.

LA MARQUISE. Non pas! Tu ferais trop bien ses affaires. — Ah! mon Dieu, le voici déjà! Que lui répondre? — Laisse-moi parler.

SCÈNE XIII.

LÉON, LA MARQUISE, LUDOVIC.

LA MARQUISE (*à Ludovic.*) Approchez, jeune homme, et prêtez une grande attention au discours que vous allez entendre. J'ai une chose grave à vous annoncer. Vous m'avez demandé la main de ma fille, mais un autre vient de me la demander aussi ; c'est mon neveu Léon. Vous êtes rivaux, par conséquent. Il y a trois ou quatre siècles, vous auriez vidé la querelle en champ clos, lance en main, sur un beau destrier. Autres temps, autres armes. J'ai lu madame Cotin, dans ma jeunesse, je suis encore un peu romanesque, et je viens vous proposer un autre genre de tournoi : chacun de vous va s'armer, non d'une lance, mais d'une plume ou d'un crayon, et faire, d'ici à une demi-heure, quelques strophes en l'honneur de ma petite-fille. Celui qui aura fait les meilleures, je ne dis pas que Berthe l'épousera, mais je suppose qu'elle aura pour le vainqueur une petite préférence. — Consentez-vous ?

LUDOVIC. Comment donc, ma cousine! j'accepte avec joie et reconnaissance; car je suppose que toutes les chances sont pour moi.

LÉON. Vous croyez, monsieur? c'est peut-être un peu trop d'amour-propre. J'accepte comme vous.

LA MARQUISE. Puisque les adversaires acceptent le tournoi, j'ouvre la lice : Ludovic, voici un crayon et une belle page blanche, allez vous inspirer dans le parc ; toi, Léon, reste ici. Moi, je vais prévenir Berthe de la lutte courtoise dont elle est l'objet.

LUDOVIC (*à part, en sortant*). Ah! enfin, la poésie me servira donc à quelque chose. Une trentaine de mille francs de rente, pour une trentaine de vers! Lord Byron ne fut jamais si bien payé !

LA MARQUISE (*bas à Léon*). Courage, mon ami !

SCÈNE XIV.

Léon (*seul*). Ce Ludovic!... Quel orgueil!... Oh! je voudrais l'humilier!... Mais non, cela m'est bien égal... C'est à Berthe que je songe! Berthe... Qui sait? Si je pouvais mettre dans ces vers ce que j'ai là dans le cœur, elle me comprendrait, elle m'aimerait peut-être... Oh! c'est impossible... Berthe, ma femme! — Au travail! au travail!... Pour Berthe! — Oh! je voudrais être Lamartine! — Vite! vite!... Des vers.... Diable!... Il me semble que j'ai un peu oublié la théorie... Cherchons si dans les livres de Berthe... *(Il va à la petite bibliothèque)*. Précisément! *Dictionnaire des Rimes, Traité de prosodie*... Très-bien! — Vers de douze syllabes; celui-là me va! Cela me rappelle la charge en douze temps : un, deux, trois.... commençons! (*Il se met à la table, et prend la plume*). En voici un :

> Dans ce combat d'amour, Berthe, si je triomphe....

Pas mal!... au second maintenant!... Il me faut une rime à *triomphe*. Je n'en trouve pas.... Cherchons dans le dictionnaire.... une rime à *triomphe*.... Il n'y en a point!... Refaisons le premier vers :

> Si l'amour le plus pur convient à la plus noble....

Une rime à *noble*, maintenant! Cherchons dans le dictionnaire, pour abréger.... *Noble*.... il y en a! *Vignoble!* Comment amener le mot *vignoble* à propos de Berthe? Je ne saurais pas.... *Grenoble!* c'est impossible! — Et pas d'autres rimes! Ah! mon Dieu! je perds du temps.... Et ce Ludovic qui a déjà fini peut-être.... Allons! du courage! Recommençons.... Rien! je ne trouve plus rien! Ah! misérable, va! j'aurais dû tuer quelques lapins de moins et lire quelques livres de plus! Dire que j'ai le cœur plein de choses et que rien ne sort.... rien! C'est à rendre insensé! Oh! je m'arracherais volontiers les cheveux.... (*Il se promène avec agitation*).

SCÈNE XV.

LÉON, BERTHE (*entrant par une porte dérobée*).

LÉON. C'est toi, Berthe; d'où viens-tu donc?

BERTHE. De la chapelle; j'ai prié et j'ai réfléchi. Et toi, tu travailles! Je sais à quoi tu travailles.... Grand'mère m'a expliqué... D'ailleurs, j'ai tout entendu.... Eh bien! où en es-tu?

LÉON. Au premier vers, c'est-à-dire à mon second premier vers : l'un finissait par *triomphe,* l'autre par *noble.* Pas de rimes. C'est désolant!

BERTHE. Ah! ah! ce ne n'est donc pas aussi facile que tu le pensais?

LÉON. C'est mal, Berthe, tu viens me railler!

BERTHE. Je viens t'encourager, au contraire; car, vois-tu, j'ai de l'amour-propre, et je ne veux pas qu'on m'adresse de mauvais vers! — Assieds-toi donc là, prends la plume, regarde-moi de temps en temps, comme si tu faisais mon portrait.... et cherche !

LÉON (*s'asseyant*). Merci!... Je ne trouve rien encore....

BERTHE. Oh! que tu as l'inspiration lente!

LÉON. Si tu voulais seulement me sourire un peu.... il me semble que les idées me viendraient plus facilement.

BERTHE. Oh! le despote!... Eh bien, je te souris, là.... Commence!

LÉON. Si tu voulais seulement me dire que tu ne fais pas de vœux pour Ludovic.

BERTHE. Mais, bavard que tu es, tu perds ton temps... Bavarde, mais bavarde en vers! sans cela je croirai que *les Suédoises,* seules, ont le don de t'inspirer.

LÉON. Méchante que tu es!. . tu sais bien....

BERTHE. Allons! commence.

LÉON (*écrivant*).

« Non, je ne t'aimais pas, si l'amour, c'est la fièvre;
» Si c'est l'âpre désir *qui précipite* nos pas,
» Si c'est l'orgueil au front, le mensonge à la lèvre
» Et l'égoïsme au cœur... Non, je ne t'aimais pas.

Berthe. Mais... Léon... c'est bien ! Seulement il y a une faute de quantité au second vers : treize syllabes ! Compte sur tes doigts :

Si c'est l'âpre désir *qui précipite* nos pas !

Il est si facile de mettre :

Si c'est l'âpre désir précipitant nos pas !

Je vais corriger moi-même. (*Elle prend la plume et écrit*). Continue ! continue !

Léon.

» Mais si l'amour, c'est Dieu qui parle au fond d'une âme,
» Si c'est le dévouement *qui existe* à jamais,
» Si c'est avoir vu l'ange avant de voir la femme,
» Dieu le sait, Dieu sait bien, Berthe, que je t'aimais !

Berthe. C'est encore mieux ! seulement, il y a un hiatus, au second vers, une rencontre de voyelles.... *Qui existe !* corrigeons vite ! (*Elle cherche et écrit*).

Si c'est le dévouement qui ne faiblit jamais.

Voilà. — Quant aux deux derniers vers, je les trouve charmants, oh ! mais ! charmants ! — Après ! après ! tu es en verve.

Léon.

» Je t'aimais, et je t'aime, et je souffre et je pleure,
» Je souffre, mais ma voix ne sait que te bénir ;
» Je pars si tu le veux, mais mon âme demeure
» Et j'emporte en exil la fleur du souvenir !

» Mais non ! je resterai ; l'espérance fidèle
» M'apaise et me soutient ; soyez béni, Seigneur !
» Au-dessus de mon front un ange bat de l'aile ;
» C'est l'ange du foyer, c'est l'ange du bonheur ! »

Berthe. Mais c'est très-bien, très-bien, très-bien ! — Te voilà poète, cher Léon, malgré toi.

Léon. Grâce à toi ! — Mais, j'y songe, si les vers de Ludovic sont meilleurs, il faudra bien que tu lui donnes le prix ?

Berthe. Oh ! mon Dieu.... c'est vrai ! Tu me fais peur !

SCÈNE XVI.

LES MÊMES, LA MARQUISE, LUDOVIC.

LA MARQUISE. Voilà donc l'heure du jugement solennel; les accusés sont-ils présents?

LUDOVIC. Voici mes vers, ma cousine; et franchement, je n'ai jamais fait mieux.

LÉON. Voici les miens, ma tante.

LA MARQUISE. C'est moi qui vais lire. Je commence par les vers de Léon. Écoutez, Ludovic; et toi, Berthe, sois grave comme un juge. (*Elle lit*).

> Non, je ne t'aimais pas, si l'amour, c'est la fièvre,
> Si c'est l'âpre désir précipitant nos pas;
> Si c'est l'orgueil au front, le mensonge à la lèvre
> Et l'égoïsme au cœur... Non, je ne t'aimais pas.

Eh! eh! ce n'est pas trop mal.... Qu'en pensez-vous, Ludovic?

LUDOVIC. En effet, c'est fort bien.... mais permettez que je voie un peu. (*Il regarde le papier*). Oh! oh! qu'est-ce que j'aperçois? Des corrections, des ratures, des surcharges, et qui ne sont pas de la même écriture! On vous a aidé, monsieur Léon : la partie est nulle.

BERTHE. Mon cousin, c'est moi qui ai aidé Léon.

LA MARQUISE. Oh! en ce cas, Ludovic, vos affaires vont mal. Un collaborateur ressemble fort à un complice. Résignez-vous donc. D'ailleurs il y aura pour vous une compensation : je vous rends les vers que vous venez de faire pour Berthe; ils pourront vous servir pour une meilleure occasion.

LUDOVIC. Oh! il n'y aura jamais pour moi de bonne occasion. (*Réfléchissant*). N'importe! Donnez tout de même!

—

(Extrait de la *Revue de Bretagne et de Vendée.*)

Nantes, imprimerie VINCENT FOREST et ÉMILE GRIMAUD, place du Commerce, 4.